BEI GRIN MACHT SIC
WISSEN BEZAHLT

- Wir veröffentlichen Ihre Hausarbeit, Bachelor- und Masterarbeit

- Ihr eigenes eBook und Buch - weltweit in allen wichtigen Shops

- Verdienen Sie an jedem Verkauf

Jetzt bei www.GRIN.com hochladen und kostenlos publizieren

Lea Stemmer

Umfassende Elternarbeit in der Schule: Gelingensfakto-ren und Schwierigkeiten

GRIN Verlag

Bibliografische Information der Deutschen Nationalbibliothek:

Die Deutsche Bibliothek verzeichnet diese Publikation in der Deutschen National-
bibliografie; detaillierte bibliografische Daten sind im Internet über http://dnb.d-
nb.de/ abrufbar.

Impressum:

Copyright © 2013 GRIN Verlag GmbH
Druck und Bindung: Books on Demand GmbH, Norderstedt Germany
ISBN: 978-3-656-54152-3

Dieses Buch bei GRIN:

http://www.grin.com/de/e-book/264513/umfassende-elternarbeit-in-der-schule-
gelingensfaktoren-und-schwierigkeiten

GRIN - Your knowledge has value

Der GRIN Verlag publiziert seit 1998 wissenschaftliche Arbeiten von Studenten, Hochschullehrern und anderen Akademikern als eBook und gedrucktes Buch. Die Verlagswebsite www.grin.com ist die ideale Plattform zur Veröffentlichung von Hausarbeiten, Abschlussarbeiten, wissenschaftlichen Aufsätzen, Dissertationen und Fachbüchern.

Besuchen Sie uns im Internet:

http://www.grin.com/

http://www.facebook.com/grincom

http://www.twitter.com/grin_com

Elternarbeit

Gelingensfaktoren und Schwierigkeiten bei der Verwirklichung einer umfassenden Elternarbeit in der Schule

Inhaltsverzeichnis

Abbildungsverzeichnis

1 Einleitung

„Mir war es am liebsten, wenn meine Mutter am Elternabend verhindert war."

Diese Aussage hört man immer wieder von ehemaligen Schülern. Aber eigentlich ist ein Elternabend nicht dazu da, den Kindern Angst zu machen, sondern im Gegenteil: an so einem Abend werden wichtige Themen besprochen und Informationen ausgetauscht, die produktiv für das Kind sind. Doch das Problem ist, dass die Kinder häufig nicht mit einbezogen werden und nicht wissen, was an einem Elternabend geschieht und besprochen wird. Viele Schüler denken, dass der Lehrer den Schüler bei den Erziehungsberechtigten anschwärzt und sie deswegen Ärger bekommen[1]. Genau das soll durch eine erfolgreiche Elternarbeit verhindert werden. Allerdings soll nicht nur die Kooperation zwischen Eltern und Lehrer stimmig sein, sondern auch zwischen Schüler und Lehrer, sowie Schüler und Eltern, denn es geht ja um das Wohl des Kindes.

Um dies zu gewährleisten, bedarf es jedoch eines Entgegenkommens beider Seiten: die der Eltern und die der Lehrer. An dem Begriff „Erziehung" kann man dieses Miteinander erkennen: Denn darin steckt das Wort „ziehen". im Idealfall ist es das Ziel der Elternarbeit, das beide Parteien in dieselbe Richtung ziehen. Das Kind erfährt dadurch einen eindeutigen Weg, den es gehen soll um das gemeinsame Ziel zügig und erfolgreich zu meistern[2]. Wie dieses gemeinsame Erziehen gelingen kann und welche Faktoren es unterdrücken wird in dieser Hausarbeit geklärt.

2 Elternarbeit

Der Begriff Elternarbeit hat sich im Laufe der letzten 50 Jahre wesentlich gewandelt. Noch vor wenigen Jahren wurde der Elterneinfluss eher negativ bewertet. Doch die Partnerschaft zwischen den Erziehungsberechtigten und der Schule rückt immer mehr in den Vordergrund. In den zurückliegenden Jahrzehnten entwickelten sich immer neue Definitionen mit jeweils unterschiedlichen Ansätzen, von denen hier die drei bedeutendsten herausgegriffen werden. Das erste Verständnis der Elternarbeit stammt von dem Sozial- und Medienpädagogen Martin Furian aus den achtziger Jahren. Er sieht in der Elternarbeit das Potential, dass die Eltern mit einbezogen werden und dadurch die Erziehungssituation in der Schule sowie im Elternhaus verbessert wird. 2001 versucht Günter Stürmer eine Definition des Begriffs zu finden. Seiner

---

[1] Vgl. Huppertz 1988 S.109 – 110
[2] Vgl. Kohn 2011, S.9

1

Meinung nach ist Elternarbeit eine unerlässliche Komponente der pädagogischen Tätigkeit, welche aus einer konstruktiven Kooperation zwischen den beiden Partnern Eltern und Erziehungseinrichtung besteht. Zusätzlich ist Elternarbeit auch wichtig, um das Vertrauen zwischen Eltern und Lehrer herzustellen, welches sehr wichtig ist, da die Kinder einen Großteil ihrer Zeit in der Schule verbringen und die Eltern sich für sie natürlich eine gute Lernumgebung mit kompetenten Pädagogen wünschen. Für Eltern ist es dann einfacher die Kinder in der Schule „abzugeben", wenn sie wissen, dass die Lehrkraft gut mit ihren Sprösslingen umgeht. Beide Parteien haben zudem unterschiedliche Erwartungen und Aufgabenbereiche, welche geklärt werden müssen. Auch die beiden Pädagogen Frank Jansen und Peter Wenzel haben im Jahr 2000 versucht den Begriff Elternarbeit zu charakterisieren. Sie sehen die Schule als soziales Dienstleistungsunternehmen, welches zum Ziel die Realisierung diverser Wünsche der Eltern hat. Diese verschiedenen Definitionen zeigen den Wandel in der Einstellung zur Elternarbeit[3]. An den letzten beiden Interpretationen kann man sehen, dass die Eltern immer mehr an Bedeutung gewinnen und teilweise schon wie Kunden behandelt werden, bei denen man nichts falsch machen darf. Heutzutage ist die Elternarbeit ein selbstverständlicher Bestandteil der pädagogischen Absicht an Kindergärten und Schulen[4]. Aber ist Elternarbeit so einfach? Und kann dabei etwas schief gehen? Auf diese Fragen wird im Folgenden genauer eingegangen.

2.1 Ziele von Elternarbeit

Abbildung 1: Ziel der Elternarbeit[5]

---

[3] Vgl. Bernitzke/ Schlegel 2004, S. 9 – 11
[4] Vgl. Textor 2009, S.7
[5] http://www.sankt-anna.de/magnoliaPublic/start/kiga/eltern/mainColumnParagraphs/0/image/elternarbeit.jpg

Die Ziele von Elternarbeit sind sehr weit gefächert. Wichtig ist, dass sowohl die Eltern Unterstützung erfahren, aber auch die Lehrer profitieren, zum Beispiel indem sie durch die zusätzlichen Informationen besser auf den Schüler eingehen können[6]. Denn der Lehrer arbeitet gemeinsam mit den Eltern an der Erziehung ein und desselben Kindes. Um gemeinsam an einer Sache arbeiten zu können, muss jedoch die Basis des Vertrauens vorhanden sein, welche durch gegenseitiges Kennenlernen entsteht. Wer den Anderen kennt, versteht ihn besser, wodurch es leichter wird sich in die Lage des Gegenübers zu versetzen[7]. Die Kooperation zwischen dem Elternhaus und der Schule dient hauptsächlich zur Konfliktvermeidung. Denn der Dialog verbessert das Klima zwischen den Partnern im Erziehungsprozess und vermeidet Missverständnisse. Die gemeinsame Erziehungsarbeit kann nur dann glücken, wenn ein Mindestmaß an Harmonie in den Zielen und Methoden der Erziehung vorhanden ist. Des Weiteren wird eine vertrauensvollere, offene Beziehung ermöglicht, die die Eltern zur Mitwirkung ermutigt. Zusätzlich führt eine gelungene Elternarbeit zum besseren Verständnis des Kindes und seiner Entwicklung, da der Pädagoge mehr über die häusliche Situation erfährt. Ein anderes, sehr wichtiges Ziel ist, dass sich die Eltern untereinander über ihre Erfahrungen austauschen können. Hierfür werden meist offene Formen, wie ein Elterngesprächskreis verwendet, bei dem der Lehrer die Rolle des Moderators übernimmt. Durch die Gespräche unter und mit den Eltern erhält der Lehrer Feedback über die eigene Arbeit und kann sich selbst verbessern.

Elternarbeit muss letztlich jedoch auf den Schulerfolg und die Persönlichkeitsentwicklung der Schüler zielen. Denn es stehen nicht der häufige Kontakt und die bessere Atmosphäre unter den Erwachsenen im Vordergrund, sondern das Wohl des Kindes[8].

2.2   Bedeutung der Elternarbeit

Sowohl das pädagogische Personal, wie auch die Eltern der Schüler schätzen eine gute Zusammenarbeit zwischen Schule und Eltern. Dabei gibt es unterschiedliche Motive unter den Erziehern und Eltern, was die Bedeutung von Elternarbeit betrifft. Das pädagogische Personal macht Elternarbeit oft dem Kind zuliebe. Zum Einen kann der Lehrer dabei den Eltern Erziehungsratschläge geben und zum Anderen können die Kinder auch ihren Eltern stolz die eigene Schule zeigen. Andere Pädagogen sind der Auffassung, dass Elternarbeit den Eltern zuliebe geschieht. So können die Eltern ihre Erziehungsprobleme besprechen, sich am

---

[6] Vgl. Langer 2007, S.

[7] Vgl. Brandau 1984, S.12

[8] Vgl. Bernitzke/ Schlegel 2004, S. 12 - 13

3

Schulalltag beteiligen und nebenbei noch die institutionelle Einrichtung ihrer Kinder kennen lernen. Ein Teil der Lehrer macht Elternarbeit aufgrund gesellschaftlicher Notwendigkeit. Es wird Aufklärung über das Erziehungskonzept der Schule betrieben und die Eltern werden als Interessenvertreter ihrer Kinder mit einbezogen. Es gibt noch viele weitere Einstellungen der Pädagogen, warum sie Elternarbeit machen, beispielsweise weil es vorgeschrieben ist, weil es die Arbeit mit den Kindern erleichtert, um die Eltern zufrieden zu stellen und zu erfahren, was sich die Eltern wünschen oder auch weil die Erziehungsberechtigten mitverantwortlich sind für die Arbeit in der institutionellen Einrichtung. Die Eltern vertreten andere Sichtweisen. Als erstes wird meist genannt, das Elternarbeit dem Kind zuliebe betrieben wird. So erfährt das Kind, dass sich die Eltern für sein Umfeld interessieren. Viele Eltern gehen außerdem nur zu Elternabenden und Ähnlichem, um den Erzieher nicht zu enttäuschen. Eine andere Gruppe vertritt die Meinung, dass Elternarbeit zur Verwirklichung persönlicher Vorstellungen geschieht. Meist haben die Erziehungsberechtigten hohe Forderungen und konkrete Vorstellungen über die Qualität der Einrichtung. Bei Gesprächen mit Lehrern können sie diese zum Ausdruck bringen und Ideen für den Schulalltag äußern. Eine weitere Einstellung zu der Frage, warum Eltern die Zusammenarbeit mit der Schule schätzen ist die soziale Verantwortung. Die Erziehungsberechtigten setzen sich für Schwächere ein und helfen engagiert in der Gemeinschaft mit. Ein letzter Punkt ist, dass Elternarbeit als Hilfe in Problem- und Entscheidungssituationen wichtig ist. Beispielsweise wenn es um die Einschulung geht, eine logopädische Behandlung bei schlechter Aussprache verschiedener Laute und so weiter.

Man sieht, dass die Eltern und Erzieher meist sehr unterschiedliche Motive haben. Diese führen leider oft zu Konflikten. Meist entstehen diese aus unterschiedlichen Erziehungsauffassungen oder aus mangelndem Interesse der Eltern an der institutionellen Einrichtung. Oft sind auch die hohen Erwartungen der Eltern ein Auslöser für Konflikte[9]. Der Großteil der Lehrer und Eltern sieht Elternarbeit trotzdem positiv. Trotz der nicht immer einfachen Auseinandersetzung der Lehrer mit den Eltern sind Elternabende nicht wegzudenken und sogar gesetzlich vorgeschrieben. Wie genau die gesetzliche Regelung lautet wird im nächsten Abschnitt erläutert.

---

[9] Vgl. Bernitzke/ Schlegel 2004, S. 14 - 17

4

2.3 Rechtliches

„Das Verhältnis von Elternhaus und Schule gehört zu den traditionellen Lehrstücken des deutschen Schulrechts. Es ist in Bund und Ländern Gegenstand vielfältiger Verfassungs- und Gesetzbestimmungen, und findet in Rechtsprechung und juristischer Literatur seit Jahrzehnten(…) beträchtliche Aufmerksamkeit. Dabei pflegt der Akzent auf dem Elternrecht und seinem Verhältnis zur staatlichen Schulhoheit zu liegen"[10].

Dabei ist die Grundlage für die Kooperation zwischen Schule und Elternhaus der Artikel 6; Absatz 2 im Grundgesetz: „Pflege und Erziehung der Kinder sind das natürliche Recht der Eltern und die zuvörderst ihnen obliegende Pflicht." Demgegenüber steht Artikel 7; Absatz 1 im Grundgesetz: „Das gesamte Schulwesen steht unter Aufsicht des Staates". Man sieht, dass der staatliche Erziehungsauftrag dem elterlichen nicht nach-, sondern gleichgestellt ist. Das Elternrecht nach Artikel 6; Absatz 2 im Grundgesetz, sowie die staatliche Schulhoheit nach Artikel 7; Absatz 1 im Grundgesetz beziehen sich somit auf einen gemeinsamen Richtwert, der mit dem Begriff „Kindeswohl" bezeichnet werden kann[11]. Außerdem gibt es noch Schulgesetze der einzelnen Länder, in denen der Dialog zwischen Lehrern und Eltern geregelt ist. Das Fazit daraus lautet: Eltern sind zur Erziehung verpflichtet, sie dürfen diese Aufgabe nicht auf die Schule abwälzen, Lehrer müssen erziehen – ohne dabei das Erziehungsrecht der Eltern zu verletzen.

Zusätzlich gibt es sogar einige gesetzliche Grundlagen, die für das Thema Elternarbeit von besonderer Bedeutung sind. Die Elternwahlordnung (EWO) schreibt zum Beispiel vor, dass in einem der ersten Monate des Schulunterrichts die Klassenelternschaft, beziehungsweise die Elternsprecher gewählt werden. Dies sind ein paar Eltern der Klasse, die sich zusammenschließen, und mögliche Probleme versuchen mit dem Lehrer zu lösen, um das Gemeinwohl der Schüler, Lehrer und Eltern zu gewährleisten. Auch andere Eltern der Klasse können sich bei Problemen an die Vertreter wenden. Dies ist erforderlich, um den gemeinsamen Erziehungs- und Bildungsauftrag zwischen Elternhaus und Schule durch ein gutes Zusammenwirken zu stärken[12].

---

[10] Vgl. Melzer 1985, S. 27
[11] Vgl. Melzer 1985, S.30
[12] http://www.google.de/imgres?q=elternarbeit+schule&um=1&sa=X&hl=de&biw=1525&bih=595&tbm=isch&tbnid=LK6syfe c4LuWQM:&imgrefurl=http://www.schulelternrat.de/lerelt99.htm&docid=AqFj-Fawl7ihUM&imgurl=http://www.schulelternrat.de/lercomic.jpg&w=740&h=658&ei=8EmjUaaVJ6_P4QSb5lGwAg&zoom=1 &iact=hc&vpx=791&vpy=155&dur=2316&hovh=212&hovw=238&tx=175&ty=93&page=1&tbnh=141&tbnw=158&start=0&n dsp=24&ved=1t:429,r:4,s:0,i:143

Da nun geklärt ist, wie Elternarbeit gesetzlich geregelt ist, werden im Folgenden die verschiedenen Formen aufgezeigt, in denen die Arbeit zwischen Schule und Erziehungsberechtigten stattfinden kann.

2.4 Mögliche Formen der Elternarbeit und ihre Vor- und Nachteile

In dem Werk „Das Handbuch der Elternarbeit" unterscheiden die Autoren Bertnitzke und Schlegel drei Hauptkategorien der Elternarbeit: Als Erstes ist die Elternberatung und Information wichtig. Dabei stehen die schriftliche und mündliche Weitergabe von Informationen sowie die Beratung der Eltern in Problem- und Entscheidungssituationen im Mittelpunkt. Eine weitere Kategorie ist die Elternbildung, bei der Bildungsinhalte vermittelt werden und eine Wissensbasis für angemessenes Erziehungsverhalten gesichert wird. Als letzten Punkt nennt Bertnitzke die Elternmitwirkung, das heißt, der Versuch, die Eltern aktiv in das Alltagsgeschehen mit einzubinden[13]. Dies kann beispielsweise bei Schulveranstaltungen geschehen, bei welchen Eltern Losbuden leiten, Kuchen backen oder Spiele durchführen. Dabei gibt es diverse Formen, wie man mit den Eltern in Kontakt treten kann. Werner Sacher unterteilt die Formen der Kontaktaufnahme zu Eltern zudem in formelle und informelle Kontakte. Der informelle Kontakt geschieht vor allem dann, wenn nichts Wichtiges vorliegt. Er entsteht aus der alltäglichen Kontaktform, wie beispielsweise dem Tür-Angel Gespräch. Dieser Kontakt zwischen Eltern und Schule darf jedoch nicht als unwichtig bezeichnet werden, da so ein positives Verhältnis aufgebaut werden kann, weil ein „normales Alltagsgespräch" stattfindet ohne Spannungen. Bei formellen Gesprächen oder Kontakten, geht es dann um gewisse Themen, die zu einem bestimmten Zeitpunkt abgehalten werden. Ein Beispiel hierfür wäre ein Elternabend, der über das Thema Mobbing in der Schule aufklären soll, oder wenn eine Sprechstunde besucht wird, um über die Probleme des Schülers zu sprechen[14]. Das wohl am häufigsten benutzte Ausdrucksmittel ist die schriftliche Information, auch als Elternbrief bekannt. In diesen kann die Schule oder der Lehrer den Erziehungsberechtigten über bestimmte Themen, Ausflüge, Neuigkeiten und viele weitere Dinge berichten. Das Problem dabei ist, dass Elternbriefe oft zu lang sind und einige Leser nur geringe Zeit zur Verfügung haben und lieber etwas anderes, wie beispielsweise eine Zeitschrift, lesen[15]. Es gibt aber dennoch Möglichkeiten, das Interesse der Eltern zu wecken: Wenn der Brief kurz und knapp formuliert ist, aktuelle Ereignisse thematisiert werden und die

---

[13] Vgl. Bernitzke & Schlegel 2004, S. 256

[14] Vgl.Sacher 2005, S.62ff.

[15] Vgl. Bernitzke & Schlegel 2004, S. 257 - 258

Eltern zu Aktivitäten auffordert, hat der Lehrer meist größere Chancen, dass der Brief nicht ungelesen im Müll landet[16]. Eine weitere Form der Elternarbeit ist das bereits oben erwähnte Tür-und-Angel-Gespräch. Es handelt sich dabei um alltägliche Gelegenheitsgespräche, die zum Beispiel entstehen, wenn Eltern ihre Kinder in den Kindergarten bringen, bzw. abholen. Dieses Gespräch gibt es jedoch kaum in der Schule, weil die Kinder meist selbstständig den Schulweg meistern. Aber trotzdem kann es sehr wichtig sein, denn es fördert die Bindung zwischen den Eltern und den Erziehern. Es ermöglicht einen schnellen und unkomplizierten Austausch über viele Themen und Informationen, wie zum Beispiel ein neuer Entwicklungsschritt[17]. Des Weiteren gibt es noch Telefonanrufe, Sprechstunden, Elternabende, Hospitationen, Mithilfe bei Festen und bei der Unterrichtsgestaltung und vieles mehr. In Bezug auf die Elternmitwirkung ist auf das Eltern- Lehrer- Gespräch besonderer Wert gelegt worden. Richtig ausgeführt wird das Gespräch dann, wenn nicht nur eine Elternberatung durch den Lehrer stattfindet, sondern ebenso eine Lehrerberatung durch die Eltern. Am meisten bevorzugt wird von den Eltern jedoch die Form der Sprechstunde. Diese Kontaktaufnahme nutzen die Eltern vor allem, wenn Schwierigkeiten, egal in welcher Form auftreten. Das größte Problem bei Elterngesprächen in Form von Sprechstunden, egal ob am Telefon, oder persönlich ist das Zeitproblem. Die Sprechstunden richten sich nach der Zeitvorstellung des Lehrers. Wenn dieser also eine Freistunde hätte, finden dort oft Sprechstunden ihren Platz. Diese sind zwar für Eltern vorgesehen, allerdings bringt dies auch einige Probleme mit sich. Wann sollen beispielsweise Eltern sie selbst berufstätig sind in die Sprechstunde kommen[18]?

Das oben genannte Zeitproblem findet allerdings nicht nur bei Elterngesprächen seinen Platz, sondern auch bei Elternabenden. Die meisten Elternabende laufen so ab, dass der Lehrer für jedes Elternteil circa fünf bis zehn Minuten Zeit hat, um ihnen etwas über ihr Kind zu berichten. Schwerwiegende Probleme können hier nicht geklärt werden, da der Zeitraum viel zu kurz ist. Da die knappen fünf bis zehn Minuten oft und schnell überzogen werden bilden sich vor dem Klassenzimmer endlose Schlangen von genervten Eltern, die endlich wissen wollen was ihr Kind in der Schule macht. Da es sowohl für den Lehrer, also auch für die bereits gereizten Eltern eine blöde Situation ist in fünf Minuten ein kurzes Bild über das Kind zu geben, laufen die meisten Elternabende folgendermaßen ab: Entweder ist das Kind in der Schule erfolgreich und hat keine größeren Probleme, dann wird dies den Eltern mitgeteilt. Die andere Seite ist, dass sich die Eltern Klagen oder Schwierigkeiten über ihr Kind anhören

---

[16] Vgl. Textor 2009, S. 57
[17] Vgl. Bernitzke & Schlegel 2004, S. 80 - 81
[18] Vgl. Marz 1982, S.93

müssen, aber keine Zeit haben diese zu besprechen. In so einem Fall müsste dann eine einzelne Sprechstunde erfolgen. Eine andere Form der Elternarbeit sind die Hausbesuche. Sie sind eher eine Ausnahme und es wird geraten, einen solchen immer zu zweit durchzuführen. Das Hauptziel des Besuches bei den Kindern zu Hause ist, dass der Lehrer die psychische Situation des Kindes nun fachlich besser nachvollziehen und den Schwierigkeiten des Kindes mit vielfältigen Hilfestellungen entgegenwirken kann. Ein weiterer Vorteil ist, dass der Erzieher die Eltern außerhalb des institutionellen Rahmens kennen lernt und auch das Kind besser verstehen lernt. Doch gegenüber den Vorteilen bergen Hausbesuche auch Gefahren. Einerseits gibt es pädagogische Risiken. Diese entstehen dann, wenn die Eltern das Gespräch für ihre eigene Problematik nutzen und die Probleme des Kindes in den Hintergrund geraten. Es ist auch möglich, dass der Lehrer durch einen Hausbesuch seine professionelle Distanz verliert und private Angelegenheiten des Lehrers besprochen werden, oder Einladungen zu Privatfeiern der Familie ausgesprochen werden. Das Alles kann in Zukunft zu einer Bevorzugung des Kindes in der Klasse führen. Auf der anderen Seite bestehen auch physische Gefahren bei Hausbesuchen. Der Lehrer kennt die Familie nicht und wenn ein aggressiver Mensch, der negativ auf die Schule eingestellt ist dort lebt, dann kann es zu schwerwiegenden Folgen führen[19].

Da Elternarbeit eine Form von Kommunikation zwischen Elternhaus und Schule ist, bei welcher es um Lernen, Leistung, Entwicklung, Bildung und Erziehung geht, gehören auch die Zeugnisse zu einer Form der Elternarbeit. Verbalzeugnisse (also Zeugnisse in ausformulierter Form), wie sie beispielsweise in der Grundschule zu finden sind, wirken auf Eltern viel informativer als die sogenannten Ziffernotenzeugnisse. Gerade in der Grundschule können Eltern viel mehr Information über das Lern- Arbeits- und Sozialverhalten ihres Kindes entnehmen. Dadurch sollen Eltern auch einen intensiven Kontakt zur Schule pflegen um die Zeugnisse zu verstehen, oder bei Problemen Hilfen zu finden[20].

Das waren nun mögliche Formen der Elternarbeit. Doch was genau wird zwischen Eltern und Lehrern besprochen, wenn sie sich, in welcher Form auch immer, unterhalten? Prof. Dr. Werner Sacher hat 2004 die Gesprächsthemen in Einzelkontakten an bayerischen Schulen untersucht. Dabei fand er heraus, dass es bei Einzelkontakten zwischen Eltern und zumeist um Fragen des Lernens und der Leistung geht. Weit abgeschlagen folgen Themen wie Schullaufbahnberatung, Disziplinprobleme, Lese-Rechtschreibschwäche, Gewalt und Erziehungsfragen.

---

[19] Vgl. Benitzke/ Schlegel (2004), S. 90 - 92
[20] Vgl. Sacher 2005, S.84

Aus den aufgeführten Beispielen kann man leicht sehen, dass Elternarbeit oft mit großen Schwierigkeiten verbunden ist. Eine noch größere Hürde, die Lehrer sowie Eltern meistern müssen, ist jedoch die Elternarbeit im Anfangsunterricht.

2.5   Elternarbeit im Anfangsunterricht

Das Ziel von Elternarbeit im Anfangsunterricht soll sein, die Anforderungen, die in der Schule gestellt werden, transparent zu machen und Unsicherheiten von Seiten der Eltern zu nehmen. Mögliche Themenschwerpunkte sind dabei der Übergang vom Kindergarten in die Schule, der Schriftspracherwerb, die Zeugnisvergabe und Lern-und Leistungsprobleme im ersten Schuljahr[21]. Die grundschulpädagogische und –didaktische Literatur stellt hierzu eine Vielzahl praktischer Tipps bereit, wie beispielsweise Anregungen zur Gestaltung eines Elternbriefs oder Hinweise für die Durchführung eines Elternabends. Derartige Beispiele finden sich u.a. bei Dusolt (2011) und Wienerl et al (2004), darunter: „Der ungeduldige Fisch: jeden Tag darf eine Schuppe ausgemalt werden" und „Einrichtung eines Elternstammtischs"[22]. Ein weiterer Schwerpunkt der Elternarbeit im Anfangsunterricht besteht in der Gestaltung des ersten Elternabends. Die Eltern kennen sich untereinander und auch den Lehrer nicht und umgekehrt. Daher ist dieser Abend anfangs oft mit viel Spannung und Unsicherheit geladen. Wichtig ist nun, dass der Experte für Unterricht nicht sorgenvoll vor den Eltern steht und Angst hat, nicht gut genug zu sein. Denn seine Aufgabe ist es, das sich die Eltern wohl und ernst genommen fühlen, sodass in Zukunft eine partnerschaftliche Zusammenarbeit zwischen Schule und Elternhaus gut funktionieren kann. Die Eltern müssen spüren, dass sie in der Institution ihrer Kinder willkommen sind. Das schafft der Erzieher, indem er zuerst eine persönlich gestaltete Einladung an die Eltern sendet und am Abend des ersten Treffens alle Ankommenden im Klassenzimmer, welches mit Werken der Schüler dekoriert ist, persönlich begrüßt. Es können auch Getränke und Kleinigkeiten zu Essen organisiert werden, sodass sich die Eltern rundum wohl fühlen. Nun kommt der Informelle Teil des Abends. Hierbei ist es von großer Bedeutung, dass die Eltern mit einbezogen werden. Der Lehrer muss ihnen verständlich machen, was auf ihre Schützlinge in dem 1. Schuljahr zu kommt und wie man sie dabei unterstützen kann. Oft werden am ersten Elternabend gleich die Elternvertreter gewählt. Der Erzieher muss den Anwesenden zuvor über deren Rechte und Pflichten aufklären. Je mehr der Lehrer das Interesse der Eltern an der Schule geweckt hat, desto größer wird nun das Interesse sein, die Eltern zu vertreten und in der Institution

---

[21] Vgl. Wienerl at all (2004)
[22] Vgl. Dusolt 2011

Aufgaben zu übernehmen. Dieser erste Elternabend im Anfangsunterricht ist also ein wichtiger Schritt zur erfolgreichen Zusammenarbeit zwischen Eltern und der Schule[23].

2.6   Gelingensfaktoren

Abbildung 2: Gelingensfaktoren[24]

Elternarbeit zwischen Eltern und Lehrkräften wird oft mit Ängsten, Missverständnissen oder Schwierigkeiten verbunden. Folgend ist auf beiden Seiten oft wenig Motivation zu einem gemeinsamen Treffen zu sehen, obwohl es eigentlich vielmehr um das Wohl des Kindes geht, als um das Mögen oder Nicht-mögen der Lehrkraft oder der Eltern. Viele Erziehungsberechtigte kritisieren daraufhin die Lehrkraft und fühlen sich in ihren Erziehungsaufgaben alleine gelassen. Um solche Situationen zu vermeiden ist es wichtig, dass beide Parteien an einem Strang ziehen, um für das Kind das best möglischste zu erreichen[25]. Erst dann ist es möglich, eine langfristige und gute Partnerschaft zwischen Schule und Elternhaus zu realisieren. Folgende Faktoren sind unabdingbar für das Gelingen einer Elternarbeit:

a) Einfühlungsvermögen

Ein häufiges Problem ist, dass Eltern und Lehrer zwar oft gemeinsame Interessen verfolgen wollen, wie beispielsweise einen Schulabschluss, jedoch haben beide unterschiedliche Erwartungen und Ansichten dem Kind dieses Ziel zu ermöglichen. Beider fordern und erwarten von der andren Seite Unterstützung, aber auch Verständnis für die Situation. Hierbei

[23] Vgl. Bartnitzky (2000), S. 15 - 17
[24] http://www.gsv-von-haxthausen.de/uploads/tx_fswinhaltselement/elternarbeit.jpg
[25] Vgl. Kohn 2011, S.9

10

ist wichtig, dass die Lehrkraft beispielsweise ein Problem nicht nur aus ihrer professionellen Sicht sieht und den Eltern Tipps zum richtigen Handeln gibt, sondern dass sie sich in die Situation des Schülers, bzw. der Eltern zunächst hineinversetzt, um das Problem aus einer anderen Perspektive zu betrachten. So kann ein „Rund um Blick" des Problems geschehen, wodurch alle 3 Perspektiven des Problems beleuchtet werden können. Dadurch kann zum einen das Verständnis des anderen Gesprächspartners erhöht werden, und zum anderen liefert auch die Lehrkraft nachvollziehbare Argumente, die auf beiden Seiten zum Verständnis führen. So ist es leichter gemeinsame Alternativen für das Problem zu finden ohne zum Beispiel aneinander vorbei zu reden, oder auf gegenseitiges Missverständnis zu stoßen[26].

b) Meilensteine für eine erfolgreiche Elternarbeit schaffen

Sogenannte Meilensteine , also kleine Zwischenziele, eignen sich sehr gut zur Kooperation zwischen Schule und Eltern mit dem Zielpunkt „erfolgreiche Zusammenarbeit mit Eltern". Wenn Eltern und Lehrer das große Ziel „gelingende Zusammenarbeit" vor Augen haben, scheint dies oft unerreichbar. Es ist zunächst gerade am Anfang sehr weit weg, und beide Seiten wissen oft nicht, welche Schritte dazu notwendig sind. Deshalb ist es hilfreich Meilensteine zu setzen, die mit kleinen Schritten zum großen Ziel führen. Diese können dann in Form von Aspekten und Fragen notiert werden, beziehungsweise auf die individuelle Lage der Eltern angepasst oder erweitert werden.

Abbildung 3: Etappenziele und konkrete Maßnahmen in den Blick nehmen[27]

[26] Vgl. Kohn 2011, S.15
[27] Kohn 2011, S. 20

c) Gegenseitiges Vertrauen und positives Verhältnis:

Um ein gutes Verhältnis zwischen Eltern und Lehrern zu schaffen, ist gerade am Anfang das Kennenlernen von großer Bedeutung. Der Vorteil der dadurch entsteht ist, dass wenn man sein Gegenüber besser kennt, kann man ihn auch besser verstehen und sich in seine Lage versetzen. Gerade bei Konfliktsituationen wird dies enorm wichtig. Zeigt ein Partner gar kein Verständnis, ensteht oft ein rießiger Konflikt, der selten gelöst wird. Auch Vertrauen spielt hier eine wichtige Rolle. Dies bedeutet, dass man seinem Gegenüber trauen kann und sich nicht fürchten muss, indem man beispielsweise seine Ansichten preisgibt. Wenn eine großte Vertrauensbasis geschaffen ist, können leicht viele offene Gespräche gestaltet werden. Diese Gespräche bei Gemütlichem Beisammen sein , egal ob beim Essen, Wandern etc. können gar nicht genug für eine partnerschaftliche Zusammenarbeit sein. Zudem steigt auch die Sympathie zwischen beiden Teilen, was für häufigen Kontakt beachtlich ist. Somit bilden das Kennenlernen für die Bildung von gegenseitigem Vertrauen und einem positiven Verhältnis eine wichtige Voraussetzung[28].

Wenn man also diese Faktoren einhält, muss Elternarbeit doch gelingen, oder? Aber so einfach ist es nicht, es gibt immer wieder schwierige Situationen, in denen die Kooperation von Eltern und Schule gehämmt wird. Diese werden im nächsten Kapitel erläutert

2.7 Misslingende Elternarbeit

„Schulprobleme werden traditionellerweise dem persönlichen Versagen einzelner Lehrer, Schüler, Eltern oder dem System zugeschrieben[29]." Das ist auch die Auffassung vieler Menschen. Doch man kann es nicht immer auf einzelne Personen schieben, wenn es Probleme gibt.

Das Gefüge Eltern und Schule sieht zunächst recht einfach und klar aus, bei genauerem Hinsehen wir allerdings deutlich, dass hier ein sehr komplexes Beziehungsgefüge vorhanden ist. Dadurch gewinnt aber auch die „Störanfälligkeit" an Bedeutung. Der Umgang miteinander ist eben nicht nur durch den Austausch von Informationen, sowie Vorschläge bestimmt, meist stehen gewisse (unausgesprochene) Vorbehalte, Vorwürfe oder Kritikpunkte zwischen den Parteien. Bei negativen Argumenten der Eltern gegen die Lehrer geht es meist um die Vernachlässigung der individuellen Förderung ihrer Kinder. Die Lehrer dagegen kontern dann

---

[28] Vgl. Brandau 1984, S.12
[29] Brandau 1984, S.27

mit dem Punkt, dass die Eltern nur Augen für ihr Kind haben, und die anderen außer Acht lassen[30].

Gymnasiallehrer Heinz-Peter Meidiger berichtet sogar, dass manche Eltern unheimlich massiv gegen Lehrer werden können, wenn irgendetwas falsch läuft. Oft drohen dann manche Eltern sogar mit dem Anwalt, oder mit guten Beziehungen zu Lokalpolitikern, wenn zum Beispiel die Nicht-Versetzung eines Kindes an der Tagesordnung steht. Teilweise bilden Eltern an Elternabende regelrechte Gruppen gegen einen einzelnen Lehrer, nur weil manche mit dem pädagogischen Konzept der Lehrkraft nicht einverstanden sind, oder weil der Lehrer ihnen Tipps geben will, die falsch aufgefasst werden. Die Folge dessen ist, dass sich daraufhin viele Lehrer und Pädagogik von den Erziehungsberechtigten regelrecht terrorisiert fühlen. Hier zeigt sich auch das Problem, dass die Lehrer eine mangelnde pädagogische Ausbildung haben und nicht in jeder Situation wissen, wie sie handeln sollen. Doch wo liegt genau das Problem? Welche Seite hat Recht, und welche unrecht?

Das Problem bei misslingender Elternarbeit liegt meistens an dem Punkt, dass beide, Eltern, sowie Lehrer ein bisschen Recht haben. Jede Seite sucht die Schuld beim anderen und will ihn für die Probleme verantwortlich machen. In Wirklichkeit, sind jedoch beide Seiten gleich beteiligt, eingestehen will sich dies jedoch niemand.

Auch Elternabende sind für viele Eltern eher zur „Formalität" geworden. Die meisten Eltern gehen nur noch dorthin, weil sie sich ja einmal bei der Lehrerin blicken lassen müssen, damit diese den Eindruck vermittelt bekommt, dass sich um das Kind gekümmert wird.

Häufiges Missverständnis hierbei ist, dass jede Seite der Meinung ist die „Macht" über das Kind zu haben. Eltern und Lehrer haben beide zur Aufgabe das Kind zu erziehen, stehen jedoch in unterschiedlichen Rollen. Lehrer müssen dadurch akzeptieren, dass sie den Eltern nicht vorschreiben sollen, was sie an ihrer Erziehung falsch gemacht haben oder ändern sollen, da sich die Erziehungsberechtigten hier leicht angegriffen fühlen, wodurch es zum Konflikt kommt. Schwächen des Schülers sollten somit in einer Form besprochen werden, die auch die Eltern akzeptieren. Die Eltern müssen jedoch auch verstehen, dass ihr Kind immer selbstständiger wird, und müssen den Lehrer als Partner ansehen.

Eine weitere misslingende Form von Elternarbeit kann durch Elternabende oder Elterngespräche entstehen. Oft haben Eltern und Lehrer unbewusste Ängste, wie zum Beispiel Eltern, die die eigene Schulzeit eher schlecht in Erinnerung haben. Aber auch inhaltliche Probleme können sich hier vorhanden sein. Die Lehrkraft muss sich bewusst sein, dass auch

---

[30] Vgl. Ottich 2013, S.9

Eltern mit Migrationshintergrund am Elternabend teilnehmen können. Oft können diese dann die Lehrerin nicht verstehe, da sie beispielsweise viel mit Fachwörtern spricht. Gerade in Brennpunktschulen, oder Klassen mit hohem Migrantenanteil wäre es deshalb wichtig, auch Dolmetscher zum Elternabend mit einzuladen, damit Unklarheiten mit der Sprache beseitigt werden können. Auch für deutsche Eltern kann es schwer werden der Lehrkraft an einem Elternabend zu folgen, wenn diese (unbewusst) eine Mauer zwischen den Zuhören und sich selbst baut. Spricht diese nur in fachlicher Sprache mit vielen Begriffen die die Eltern nicht, oder nur mit großer Mühe verstehen können, schalten sie ab und hören den eigentlich wichtigen Themen nicht mehr zu. Das Problem das hier angesprochen wird findet oft unter mangelnder Vorbereitung seinen Platz. Die Lehrkraft sollte grob wissen, ob Migranten am Elternabend teilnehmen, und ob diese sie verstehen. Sie sollte sich auch im Klaren darüber sein, dass für einen Elternabend eine „einfache" Sprache für alle Eltern zum besseren Verständnis beiträgt[31].

Damit misslingende Faktoren verhindert werden können, ist es wichtig, dass Eltern und Lehrer wissen, dass die Erziehung eines Kindes sehr schwierig ist, und bei welchem der Ausgang des Kindes ungewiss ist. Beide Positionen müssen sich eingestehen, das unter Erziehung ein gegenseitiges beraten und unterstützen zu verstehen ist. Da beide ihren Teil zur Erziehung und Förderung des Schützlings beitragen, sollte bei Streit oder Uneinigkeiten nicht das Ziel aus den Augen verloren werden, dass es um das Wohl des Kindes geht, und nicht darum, wer die Nase in Erziehungsfragen vorne hat.

2.8   Lohnt sich der Aufwand?

Die Forschungslage besagt eindeutig, dass Elternarbeit für Lehrkräfte mit erheblicher Mehrarbeit verbunden ist. Prof. Dr. Werner Sacher kommt in seiner überblicksartigen Darstellung des internationalen Forschungsstandes jedoch zu folgendem Fazit: „Elternarbeit lohnt durchaus den Aufwand, ... allerdings nur, wenn ihr ein Konzept zugrunde liegt, das die Forschungslage beachtet. ... Das Bemühen um ein wirklich partnerschaftliches Verhältnis ist ein entscheidendes Erfolgskriterium[32]."

Auch für die Eltern ist der Aufwand der Eltern sehr lohnenswert. Für die Eltern ist die bessere Kommunikation, sowie die gegenseitige Hilfe von enormer Bedeutung, da sie sich dadurch von der Institution Schule nicht mehr so abgeschottet fühlen. Immer häufiger bitten die

---

[31] Vgl. Ottich 2013, S.13
[32] Vgl. Sacher 2007

Lehrkräfte sogar die Eltern nicht nur um finanzielle, oder organisatorische Hilfe, sondern auch um die Beteiligung beim Nachhilfeunterricht oder der Mittagsbetreuung.

Werner Sacher beteuert zudem: „Alle diese Hilfesuchen korrelieren signifikant positiv mit der Einschätzung der Atmosphäre durch Lehrkräfte und Schulleitungen. Und ebenso nehmen Schule und Lehrkräfte unter solchen Umständen auch Hilfsangebote der Eltern auch signifikant häufiger an.“

Der Aufwand von Elternarbeit lohnt sich also durchaus, denn wenn Eltern und Schulleitungen die Atmosphäre als „positiv“ einschätzen, steigt auch die Anzahl der Partizipations- und Mitwirkungsmöglichkeiten[33].

3 Schluss

„Ich freue mich über die intensive Kooperation meiner Eltern, mir und der Schule, denn ich weiß, dass ich und mein Wohlergehen dabei im Vordergrund stehen.“

Das ist also das Ziel der Elternarbeit: Dass das Kind mit einbezogen wird und bei der Elternarbeit sein Wohl an erster Stelle steht. Wicht ist, dass Schule, Lehrer, Eltern und Kinder die richtige Haltung gegenüber einer Zusammenarbeit haben, denn wenn alle positiv eingestellt sind und gemeinsam an einer Sache arbeiten, dann ist das schon die halbe Miete.

Deutlich wird auch, dass die Eltern einen wichtigen Bestandteil zwischen neben Schule und Kind haben müssen, denn nur durch die Arbeit mit den Eltern, kann gewährleistet werden , dass das schulische Leben und Arbeiten für die Eltern transparent wird, und somit Erziehungsstile und Arbeitsweisen abgesprochen werden können. Nur dadurch kann das Ziel, dass Eltern, sowie Lehrer an einem Strang ziehen, um dem Kind die bestmöglichen Chancen in der Schule zu geben erreicht werden.

An der Hausarbeit sieht man deutlich, dass Elternarbeit unabdingbar für die Schule ist und dass es für die Zukunft wichtig ist, dass die Schüler so denken, wie das oben genannte Zitat es zeigt.

"Kinder sind keine Gefäße die man füllt, sondern Feuer die man entzündet"

---

[33] Vgl. Sacher 2005, S.4

Literaturverzeichnis

Bücher:

- Bernitzke, Fred und Schlegel, Peter 2004: Das Handbuch der Elternarbeit. Troisdorf, Bildungsverlag EINS

- Bartnitzky, Horst 2000: Mit Eltern die Grundschule kindgerecht entwickeln. Frankfurt am Main, Grundschulverband - Arbeitskreis Grundschule

- Dusolt, Hans 2001: Elternarbeit. Ein Leitfaden für den Vor- und Grundschulbereich. Weinheim [u.a.], Beltz

- Huppertz, Norbert 1988: Die Wirklichkeit der Zusammenarbeit zwischen Schule und Elternhaus. München, Bardtenschlager

- Kohn, Martin 2011: 99 Tipps für Erfolgreiche Elternarbeit. Berlin, Cornelsen Scriptor

- Langer, Andreas 2007: Ich übernehme eine 1. Klasse - praktische Hilfen für einen guten Schulanfang. München, Oldenbourg

- Melzer, Wolfgang 1985: Eltern - Schüler - Lehrer: zur Elternpartizipation an Schule. Weinheim, Juventa-Verlag

- Ottich, Klaus 2013: Eltern helfen ihren Kindern, Lehrer fördern ihre Schüler. Reinbek, Rowohlt Verlag

- Sacher, Werner 2004: Elternarbeit in den bayerischen Schulen. Nürnberg, Lehrstuhl für Schulpädagogik Friedrich-Alexander-Universität Erlangen-Nürnberg

- Sacher, Werner 2007: Elternarbeit - lohnt der Aufwand? Nürnberg, Lehrstuhl für Schulpädagogik Friedrich-Alexander-Universität Erlangen-Nürnberg

- Textor, Martin R. 2009: Bildungs- und Erziehungspartnerschaft in der Schule. Norderstedt, Books on Demand

- Wienerl, Irmingard et al. (2004): Erfolgreiche Elternarbeit. 168 Praxistipps für die Grundschule. München, Oldenbourg

Internetseiten:

- http://www.google.de/imgres?q=elternarbeit+schule&um=1&sa=X&hl=de&biw=1525&bih=595&tbm
  =isch&tbnid=LK6syfec4LuWQM:&imgrefurl=http://www.schulelternrat.de/lerelt99.htm&docid=AqFj-
  Fawl7ihUM&imgurl=http://www.schulelternrat.de/lercomic.jpg&w=740&h=658&ei=8EmjUaaVJ6_P4
  QSb5IGwAg&zoom=1&iact=hc&vpx=791&vpy=155&dur=2316&hovh=212&hovw=238&tx=175&ty
  =93&page=1&tbnh=141&tbnw=158&start=0&ndsp=24&ved=1t:429,r:4,s:0,i:143

- http://www.gsv-von-haxthausen.de/uploads/tx_fswinhaltselement/elternarbeit.jpg

- http://www.sankt-
  anna.de/magnoliaPublic/start/kiga/eltern/mainColumnParagraphs/0/image/elternarbeit.jpg